Sehr geehrte Leserin,
sehr geehrter Leser,

der Autor legt sein Augenmerk auf die „UngeREIMTheiten" des Alltags und macht sich seinen eigenen Reim darauf.
So entstand ein nicht alltägliches Buch der Lyrik.

Ob Sie das Buch auf einmal durchlesen oder Stück für Stück genießen – für kurzweilige Unterhaltung sei gesorgt.

„Wenigleser" können sich an den Karikaturen erfreuen.

Auch wenn manche Gedichte und Reime in diesem Buch zum Teil zwanzig Jahre alt sind, hat sich an Aktualität kaum etwas verändert.
Ich wünsche Ihnen viel Freude beim Lesen und Betrachten.

Ihr
Karl-Heinz Prinz

Karl-Heinz Prinz

Den

UngeREIMTheiten

des Alltags

auf der Spur

Bibliografische Information der Deutschen Nationalbibliothek:
Die Deutsche Nationalbibliothek verzeichnet diese Publikation
in der Deutschen Nationalbibliografie; detaillierte bibliografische
Daten sind im Internet über http://dnb.dnb.de abrufbar.

Illustration: **Karl-Heinz Prinz**
weitere Mitwirkende: **Manuela Prinz**

Herstellung und Verlag: BoD – Books on Demand, Norderstedt

ISBN: 978-3-**7494-2918-9**

DER STAU

Schau,
schau,
ein Stau.

Ein unsichtbares Wesen.
Kann weder schreiben, auch nicht lesen.

Trotzdem findet es in Windeseile jeden
Einsatzort.

Niemand weiß wie es das macht.
Am hellen Tag und in der Nacht.

Es ist schon ein bemerkenswertes
Phänomen.
Wenn sozusagen „Nichts" mehrere
hundert Tonnen abbremst …
bis zum Stehen.

Ein Mann	-	ein Wort
Eine Frau	-	zwei Worte
Ein Politiker	-	ein Buch
Ein Mensch	-	sprachlos

Ich weiß nicht mehr wann es war. Eine Reihe von Prominenten, vorwiegend Politiker, oft noch im „vormemoiren" Alter, boten ihre Lebensgeschichten und –Weisheiten auf dem Buchmarkt an. Diese „Memoirenschwemme" animierte mich zu diesem Wortspiel.

„Ich habe nichts

gegen Neger in der Hand,

…

aber im Kopf!"

(gilt auch für Aus-, In-, Ober-, Unterländer,
Juden, Christen, Moslems, Hindus, Schwarze,
Weiße, Rote, Gelbe
und alle die ich vergessen habe.)

Dieser Satz fiel mir ein, nachdem ich im Laufe vieler Gespräche feststellte, dass Ausgrenzung in der Regel auf nicht mehr hinterfragten Vorurteilen basiert.

HEILIGER ST. BÜROKRAT

Der heilige St. Bürokrat
sitzt in seinem Büro
- ganz staad.

Die Ruhe braucht er
wirklich sehr,

sonst findet er –
seine Formularblätter nicht mehr.

Der heilige St. Bürokrat
sitzt in seinem Büro
- ganz staad.

Er zählt –
Wie viel Formularblätter er schon haat.

*Die Einführung vieler neuer Formulare in meinem Arbeitsbereich
animierte mich zu diesem Gedicht!*

HERBST

Es kommt ein Birkenblatt herangeschwebt,

ganz leicht!

Wird in der Pfütze eingeweicht,

drauf wird es ziemlich pampig.

Kommt ein Mensch vorbei,

meint einfach schlampig!"

Für dieses Gedicht war ein Leserbrief in der Tageszeitung die Anregung.
Der Leserbriefschreiber beklagte sich, dass niemand etwas gegen die Umweltverschmutzung, verursacht durch die vielen Bäume am Straßenrand, unternimmt. Das sei unerhört.

LIEGE LIEGEN

Die Sonne scheint mir auf den Bauch,
das soll sie auch.

Und auf Beine, wie auch Po,
ich mag das so.

So einfach in der Liege liegen
und in Gedanken fortzufliegen –

oder angenehm an nichts zu denken,
wer hat den Liegestuhl erdacht? –
man müsste ihn gar reich beschenken.

Den ersten Vers sagte mein Vater während eines Italienurlaubs, am Strand, vor sich hin. Als profunder Liegestuhllieger habe ich diesen literarischen Anfang, angesichts eines diesjährigen, warmen Märztages (im Liegestuhl liegend) weitergesponnen.

PROBEZEIT

Probe	-	Zeit
Zeit	-	Probe
Probe	auf	Zeit
Zeit	auf	Probe
Probe-	Ge-	zeiten

Pro-bier-zeit

Endlich!

Zeit ohne Probe

(Ich wünsche DIR, MIR, UNS, noch viel Zeit!)

Dieses Wortspiel entstand gegen Ende einer Zusatzausbildung.

EIN BEITRAG ZUR QUALITÄTSSICHERUNG

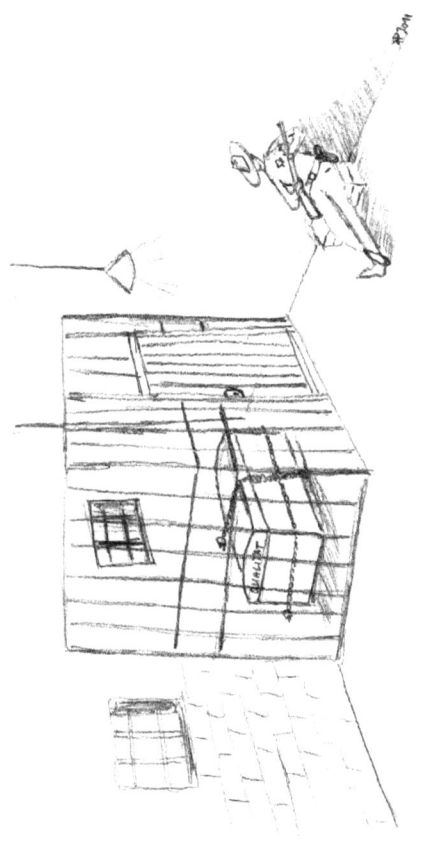

BUS – VERDRUSS

Ich sitze da und denke Stuss
   - ich warte auf den Bus

der eigentlich schon da sein muss
er ist fünf Minuten überfällig – Verdruss

es regnet – hoffentlich ist bald Schluss
mit der Warterei, endlich kommt der Bus

die Schlange ist lang, weil jeder vorn einsteigen muss
 – ich steh am Schluss

endlich drin, schon gibt's Verdruss
kein Sitzplatz, man steht Fuß an Fuß

Da! Meine Haltestelle! – Ey Mann, mach keinen Stuss
ich hab den Halteknopf verpasst – und muss

nun weiterfahren mit dem Bus
das nenn ich Bus-Verdruss

*Die Grundlage zu diesem Gedicht entstand, als ich auf den Bus
wartete. Der Ehrlichkeit halber muss ich zugeben, dass die
Busfahrt nicht ganz so schlimm war wie ich sie mir ausgemalt
hatte. Da war wohl der Pessimist in mir federführend.*

DAS KÄSEBROT

Ich liebe es zu jeder Tageszeit.
Und unabhängig von der Jahreszeit.

Ich stelle mir vor wie's schmeckt und riecht.
Wie mir der Duft langsam in die Nase kriecht.

Als „Fata Morgana" kann ich's schon sehen.
Hoffentlich - wird es bald wirklich geschehen.

Jawohl – endlich ist es real, vorbei ist meine Not!
Mein herzhafter Biss in das geliebte Käsebrot.

Das Käsebrot hat meiner Meinung nach eine literarische Würdigung verdient.

DAS TELEPHON

Einsam und verlassen – liegt da ein Telephon

Ein bisschen abgegriffen ist es ja mittlerweile schon

Das waren noch Zeiten, als es im Dauereinsatz „glühte"

Vor ein paar Jahren – in voller „Blühte"

Doch jetzt gibt es etwas Neues, I Phon und dergleichen

Des Telephones Trost – auch DIE müssen einmal weichen.

Dieses Gedicht entstand als ich auf meiner Couch saß und nach unten blickte. Da sah ich das, etwas „angegraute" aber bei mir noch im Betrieb befindliche Telefon liegen. So kam mir der Gedanke: "Wie sieht das evtl. aus der Sicht des Telefons aus?"

DER ....ISMUS

Zur Menschheit großen Plagen
Bestimmt nicht erst in diesen Tagen

Gehört der …ismus zweifelsohne
Er ist der Ideologien – Kanone

Er ist einseitig - extrem
Und löst bei Leibe kein Problem

Machtgeile Zeitgenossen
Sind in den …ismus ganz verschossen

Der Einzelne ist nicht mehr aufzufinden
Als Meute - ist leichter Menschen schinden

Versteckt sich gern unterm Ideologien-Mantel
Erst spät erkennt man die Tarantel

Kritische Fragen kann er nicht haben
Missionszwang gilt - um ihn weiter zu tragen

Ob religiöse oder weltliche Ideologie
Ist ihm egal – er verschmäht sie nie

*Als ich dieses Gedicht geschrieben habe hatte ich noch keine
Ahnung, dass es im Jahr 2017 aktueller denn je sein wird.*

NICHT UMSCHAUEN

ICH BLICKE IM LEBEN IMMER NACH VORNE!

Endlich, ich hab's gleich geschafft!
Vorbei ist's mit der ewigen Nacht.

Mal schauen was sich da oben tut.
Los geht's, hinaus zur Sonne, nur Mut.

Um mich herum ist ja alles grün, meine Güte!
Ich steche heraus mit meiner leuchtend gelben Blüte.

Hi, hi, ha, ha – eine Biene kitzelt mich leicht.
Während sie fleißig den Blütenstaub einstreicht.

Ja, viele kleine Tiere finden mich toll.
Und machen ihre Taschen mit Blütenstaub voll.

Auch bei den Kindern habe ich, das find ich nett.
Als Pusteblume – einen Stein im Brett.

Den Erwachsenen bleibt dies meist verborgen.
Ihnen mach ich – „DAS UNKRAUT" – Sorgen!

Es ist ungerecht, dass ich als Unhold verrufen.
Vielleicht sollten sie mich mal als Sirup oder Salat versuchen?

DER LÖWENZAHN

Die Idee zu diesem Gedicht reifte, als ich wieder einmal die TV-Programme durch-„zappte". Im Rahmen einer Sendung zum Thema GARTEN wurde ein Rezept zur Herstellung von LÖWENZAHNSIRUP vorgestellt.

GUNTER

Die Stubenfliege Gunter
ist meist schon vor mir munter.

Sie summt und surrt durchs Zimmer,
das nervt mich sehr, auch weil sie immer,

den gleichen Geschmack hat wie ich.
Am liebsten mein Marmeladebrot, Pfirsich!

Gunter, ich sage es dir im Guten,
gib jetzt Ruh, sonst musst du dich sputen.

Doch das beeindruckt Gunter nicht,
wählt er als Zufluchtsort das Deckenlicht.

Mein Leuchter aus Kristall
Der schützt ihn in jedem Fall.

Er scheint genau zu wissen, was mir wichtig,
denn er wählt seine Umgebung zielgerichtet.

Ein Partisan, ein bewährter Kämpfer.
Jetzt bekommst du einen Dämpfer.

Ich rüste auf, nun mit Chemie,
das überlebt der beste Kämpfer nie!

Nun sitze ich da am Morgen - mit Marmeladenbrot,
Es ist so leise hier im Zimmer – irgendwie Tod.

Ach Gunter! Niemand zeigt mehr Interesse,
an dem was ich zum Frühstück esse.

DIE BEFÜRCHTUNG

Gott hilf, dass es nicht wahr ist.
Ich befürchte ich bin Kommunist.

Wie ich darauf komme, das ist so!
Wo ist der Unterschied, wo?

Dass der Eine Millionen einstreicht,
während dem Anderen gesagt wird:
„5 Euro per Stunde das reicht!"

Beide machen sich krumm in ihrem Job,
auch die Leistung beider ist wirklich - TOP.

Ist der Job des einen denn so viel wichtiger?
Oder wäre die Bezeichnung „Willkür" richtiger?

*In der Tagespresse ist immer wieder von Vollzeitjobs die Rede,
welche äußerst schlecht bezahlt werden. So schlecht, dass es
zum Leben nicht reicht. Im Gegenzug ist immer wieder zu
lesen, dass einer kleinen Gruppe von Mitbürgern Millionen-
gehälter zugesprochen werden. Eigentlich sollte sich doch Leis-
tung, in einer Leistungsgesellschaft, für jeden lohnen.*

DER KAKADU

Es fraß einmal ein Kakadu,
ein Kilo Kirschen auf – im Nu.

Drauf bläht's ihn auf wie 'nen Ballon.
Der Überdruck entweicht auch schon.

Es brodelt, brummt und blubbert - ohne Rast,
es weht ihn fast von seinem Ast.

Noch lange ist er wahrzunehmen,
das Faultier sagt: "Der soll sich schämen!"

Die Schlange – eben erst erwacht,
schaut langsam auf – und lacht

Und stellt dann fragend fest:
„Ist denn schon wieder Oktoberfest?"

DIE REVOLUTION

Komm, wir machen eine Revolution,

wir werden zufrieden - dann passt es schon.

Unser Wirtschaftssystem braucht Neid,

genauso wie materielle Unzufriedenheit.

Die beiden sind als Motor wichtig,

sie beleben die Nachfrage erst richtig.

Wachstum heißt die Devise,

für alles, selbst für die kleinste Wiese.

Darum wäre Zufriedenheit gar nicht schlecht,

ja geradezu revolutionär – echt.

Das fiel mir ein als ich mich wieder einmal von der Fernsehwerbung nerven ließ.

DER LAPTOPBESCHWÖRER

SPION

Spion Mama, Spion Papa und Spion Kind
kennen sich nicht, weil sie in geheimer Mission unterwegs
sind.

Sie sammeln so allerlei.
Bestimmt sind auch Daten von Dir dabei.

Was sie damit machen? Das weiß eigentlich niemand.
Hauptsache sie sammeln von Dir und vom ganzen Land.

Ja, wahrscheinlich von der kompletten restlichen Welt.
Dafür gibt es Bares, schließlich braucht jeder ein bisschen
Geld.

Der Spion liebt das nebulöse Dunkel
und nistet sich ein wie Furunkel.

Man erkennt sie an Mantel und Hut
Das glaubt niemand, darum ist es als Tarnung so gut.

Spione haben ein schwieriges Leben.
Alles ist heimlich,
vielleicht hat es ihn auch gar nicht gegeben.

Ideengeber war der bereits über ein Jahr andauernde Ab-
hörskandal amerikanischer Geheimdienste.

RESTRISIKO

DAS BAUCHGEHIRN

Die Wissenschaft hat's auch kapiert
das Bauchgehirn – das existiert.

Der Bauch, das unbekannte Wesen,
ist seit jeher hilfreich gewesen.

Von schwer Verdaulichem geplagt,
oder weil einem sonst etwas im Magen lag.

Ist das Bauchgehirn eifrig bei der Sache,
zu registrieren, was ich so mache.

Ob ich „es" auf die „lange Bank" verschiebe,
oder eine Lösung „gebacken" kriege.

Das Bauchgehirn ist auf Emotionen eingestellt.
Das mathematisch berechenbare – nicht seine Welt.

Das macht es etwas kompliziert zuweilen,
es zu verstehen bzw. etwas mitzuteilen.

Des Bauchgehirnes Klasse
ist unabhängig von der Masse.

Ein großer Bauch ist kein Garant
für einen überdurchschnittlichen Bauch-Verstand.

SOMMERGEDICHT

Der 21. Juni ist heute.
Sommeranfang! – Leute!

Gegen fünf, im Halbschlaf noch!
Ich weiter unter meine Bettdecke kroch.

Ich höre es plätschern. – Ein Bach?
Nein, nein, nur das Regenwasser vom Dach.

Der Tag ist ja noch jung, am Morgen
viel zu früh für Wettersorgen.

Von Italien temperaturverwöhnt – auch bei Regen.
Milde Grade, warmer Sommer – ja von wegen.

Um neun Uhr beim Frühstück, ich kann's nicht fassen,
wir haben Sommeranfang, so richtig nassen.

Während ich so in mich gehe,
merke ich, dass ich in einer Pfütze stehe.

Nur ein Schritt hier vor der Tür!
Ich muss nicht raus, nichts spricht dafür.

Ich gehe wieder in mein Bett
und denke so, es wär' doch nett,

Wenn man vom großen Klimawandel - bald
etwas abbekommen könnte, quasi einen Vorschuss - halt.

*Inspiration war der Rückblick auf den
Sommer, an einem schönen Früh-
herbsttag 2014.*

DIE LESEBRILLE

Die Lesebrille ist verschwunden!
Hätt' ich sie doch nur angebunden.

Sie läuft nicht weg – war meine Denke.
Doch wohin ich auch die Blicke lenke –

sie ist nicht da – es ist verflixt,
mit Zeitung lesen – geht jetzt nix.

Irgendwie seh' ich heut verschwommen –
ich bin wohl noch nicht im Tage angekommen –

Da stolpere ich – über eine „Teppichbeule",
plumps – und plötzlich seh' ich klar, wie eine Eule!

Die „Beule" hat als Kater sich entpuppt,
der mich etwas verstört – beguckt.

Da liegt ja meine Brille, ich seh's genau!
Ist unser Kater denn so schlau?

Vermutlich wollte er - wie ich geplant,
die Zeitung lesen – ganz entspannt.

Ich hoffe jetzt, dass er nicht auch
zum Jagen meine Brille brauch!

SO A DAG A SAUDUMMER

Fad isches mir heit.
Langsam, vergot d Zeit.

> I sitz wia abebbt.
> So als ob mi da Stual hebbt.

Was sot i it als dua.
No hob i it amol a baar Schua.

> Dia Erdanzieungskraft isch gwaltig,
> i fürcht des got heit ohne Gwalt it.

Mit was fang i blos a.
I bring koi gscheide Reihenfolge na.

> Des isch alles so schwer,
> irgendwia, lauft des heit alls quer.

Da Droht zur Außawelt,
hat sein Dinscht eigschdellt.

> Jetzt isches glei Middagszeit.
> Nix isch gmacht, des isch fichtig heit.

Da Namidag wird au it besser, fürcht I!
Bevor i ebas gschafft hau bin i scho ganz hi.

> Jetzt isches Nacht
> und nix isch gmacht.

So a Dag, a saudummer,
macht blos Fruscht und Kummer.

> Jetzt bi i froh dass 'r vorbei isch,
> morga gots wiedr nui los - hoff i –
> ganz frisch.

*Die Allgäuer Mentalität und Sprache sind mir bestens bekannt.
Ich bin dort aufgewachsen. Im Dialekt zu schreiben hat seinen
besonderen Reiz. Ich hoffe Sie können das Gedicht entziffern.*

KRIMHILD

Krimhild ist eine Mücke,
sie agiert mit List und Tücke.

Wenn ich mich nachts mal recke
und mein Bein ins Freie strecke,

dann ist sie schon zur Stelle
und zapft mein Blut, ganz auf die Schnelle.

Bis ich merke was geschieht, im Tran.
Greift sie mich von der anderen Seite an.

Krimhild ist auch gar nicht dumm!
Bis ich mich aufrapple sitzt sie wieder in Sicherheit, ganz
stumm.

Am nächsten Abend, ich habe schon gehofft – aber mit-
nichten!
Krimhild lässt dich nicht im Stich, sie kommt mit Familie,
Neffen und Nichten.

Ein paar Tage später wartete ich vergeblich.
Es tat sich nichts, das freute mich erheblich.

Am nächsten Morgen fand ich am Fenster den Grund.
Spinnennetze sind für Mücken zweifellos - ungesund.

*Auslöser zu diesem Gedicht war wieder mal eine nächtliche
Jagdaktion im Schlafzimmer.*

DIE SCHOKOLADE

Schokolade gibt es in vielen Varianten zu kaufen.
Ich stehe vor dem Regal und muss erst einmal
kräftig durchschnaufen.

Die Fülle erschlägt mich fast!
Meine innere Stimme sagt: „Du isst doch eh nur
Vollmilch, ich weiß gar nicht was du hast?"

„Aber da gibt's noch zum Lutschen und Trinken,
und auch als Eis sehe ich sie förmlich aus der
Kühltruhe winken!"

Schokolade in Hülle und Fülle
– soweit das Auge reicht.
Schokolade von hell bis ganz dunkel,
gewichtsmäßig geeicht.

Es gibt Gegenden auf unserer Welt,
da ist es um die Schokolade deutlich schlechter
bestellt.

Sie ist unerschwinglich für die Bewohner dort.
Die reichen Nationen schleppen die Kakaoboh-
nen fort.

Die Menschen dort sind viel zu arm. Eine un-
überwindbare Hürde?

Obwohl sie ihnen, da bin ich mir sicher, genauso
gut schmecken würde.

WENN ALLE SO DÄCHTEN...

Schon oft habe ich mich gefragt,
wie es wohl wäre…?
Ich hab's aber noch nie gesagt.

Wenn endlich alle so dächten wie ich?
Da wäre das Leben viel einfacher, sicherlich.

Es gäbe keine Missverständnisse mehr,
und herauszufinden wie der Andere tickt wäre
nicht so schwer.

Man wüsste gleich was der andere meint,
oder was Paul, Peter und Sepp - vereint.

Die Welt wäre leichter zu durchschauen
und es wäre sinnlos die Ideen anderer zu klauen.

Die meisten fänden das gleiche schick.
Unsere Müllberge wären nur halb so dick.

Wenn doch alle so dächten wie ich.
Wäre vieles einfacher und logischer, meine ich.

Aber der Egoismus der Anderen stört da sehr
und macht das Miteinander unnötig schwer.

Wenn endlich alle so dächten wie ich,
hätte das viele Vorteile - zumindest für mich.

AUF ZU NEUEN UFERN

VERGUCKT

„Ich liebe Dich, kann's kaum erwarten"!

„Liebstes Nuss-Hörnchen,

komm mit in meinen Garten"!

Wünscht sich inständig Streifenhörnchen Dietmar,

doch Dietmar wurde nicht gewahr,

dass vernaschen nur einmal möglich war.

Zwangsläufig wurde es ein „one night stand",

gänzlich ohne Happy End.

DER HERBSTSTURM „Taifun"

Den Herbststurm unter dem Arm,
das hat schon seinen Charme.

Ich werfe den Motor an.
Dann ist mir klar, dass mir keiner mehr was kann.

Für mich und mein „Rohr" gilt die Devise,
voll drauf auf Gehweg und Wiese.

Mit aufgeblähten Sacke
rein in die Hundekacke.

Derartige Missgeschicke können uns nicht beeindrucken.
Wenn überhaupt, nur ein Achselzucken.

Mit meinem „Taifun", so heißt er, in der Hand,
fühle ich mich wie John Wayne und verteidige mein Land.

Der Maulwurf hat bei Zeiten das Weite gesucht
und den „Taifun" Herbststurm leise verflucht.

Als Potenzersatz, so ist zu hören
lässt „Mann" sich leicht betören.

Was dem alten Herrn Professor sein Porsche Spyder,
ist dem Hausmeister sein „Taifun" vom Garten Center
Schneyder.

Den meisten geht das Lärmungetüm gewaltig auf den Sack,
aber der ist beim „Taifun" auch größer - Fuck!

Der jeden Herbst
aufflammende Streit
über für und wider der
Laubbläser und Sauger
einerseits, wie die Feststellung anderseits, es handle sich um
einen „Potenzersatz" haben mich dazu inspiriert.

ICH SITZE HIER

ICH SITZE HIER

UND DENKE MIR

ICH WÄRE LIEBER WEG – STATT HIER

SCHÖN WÄRS AUCH GLEICH UM DIE ECKE HIER

UND MIT EINER FLASCHE BIER

DANN WÜRDE ICH DIR

SMS-EN - GLEICH VON HIER

DASS DU KOMMST – ZU MIR

DANN SÄSSEN WIR GEMEINSAM HIER

DU UND ICH UND EINE FLASCHE BIER

JÄH – RUFT MAN MIR

ICH WÄRE DRAN – JETZT UND HIER

VERFLOGEN IST DAS SCHÖNE BILD VON DIR

MIT MIR

UND DER FLASCHE BIER

ICH SITZE HIER

BEI MEINEM ZAHNARZT – OHNE BIER

Angeregt durch die spezielle Aura des Wartezimmers, entstanden diese Zeilen.

DIE SPÜLMASCHINE

Es stritt die Spülmaschine Klara,
mit dem Herd Ewald, was klar war,
darüber wer denn früher da war.

Ewald, den ließ das alles ziemlich kalt.
Er wusste, sie hat bald

die Klappe voll zu tun.
Dann kann er ganz in Ruhe, ruh'n.

Dieser Reim ist mir anlässlich des Auswechselns unserer Spül-
maschine eingefallen.

GEWIEGT- GEWOGEN

ICH HABE MICH GEWIEGT

UND GLEICH EINEN SCHRECK GEKRIEGT

DIE WAAGE WAR MIR NICHT GEWOGEN

UND HAT MICH EINFACH …

         …FALSCH GEWOGEN

SIE HAT ES AUF DIE BATTERIE GESCHOBEN

Das immer wieder heiß diskutierte Thema: ,,Verfall der deutschen Sprache!'' ist der Hintergrund dieses Reimes.

JEANET

Jeanet

fährt VW-Cabriolet

von Peter

der braucht es erst später

oder gar erst morgen

will er Jeanettes Opel Caravan ausborgen

weil er etwas zu transportieren hätte

am liebsten gleich mit Jeanette

doch die lässt ihn abblitzen

mit ein paar verbalen Spitzen

Peters Resümee für diese beiden Tage

schwer danebengegriffen

keine Frage

DER KATER-LYSATOR

Frage:
Seine Lebensaufgabe ist?

Antwort:
„Fressen in Dünger umzuwandeln"

Zu diesem Ergebnis kam ich nach mehrjähriger Beobachtung unseres Katers.

WARTEZIMMER

Ärzte haben Wartezimmer

Es ist auch so, man wartet immer

Wäre da kein Warte-Zimmer

Bräuchte es das WARTEN nimmer

Krankheitsbedingt halte ich mich des Öfteren in Wartezimmern auf. Vielleicht würde es ja funktionieren?

EDUARD DER ELEFANTENWURM

Eduard der Elefantenwurm,
wohnt in einem verlassenen Termitenturm.

Er schätzt dieses Zuhause sehr,
die Termiten tun sich mit dem neuen Nachbarn
noch etwas schwer

Die Alteingesessenen tun sich mit Veränderungen erst mal schwer. Das geht eigentlich jedem so. Deshalb ist es gut, dass Vorurteile verändert werden können.

DIKTATOR

Es bestimmt nur einer,
was richtig ist, weiß sonst keiner.

Nur auf ihn ist alles ausgerichtet,
Gegner werden weggesperrt oder hingerichtet.

Die Wahrheit bestimmt nur er.
Eine Vielfalt gibt es da nicht mehr.

Rendite ist das Gebot der Stunde,
Gewinne steigern ist Plicht, bei jeder „Runde".

Verantwortung übernehmen will keiner,
ich bin ja nur der vielen – einer.

Der Henker machte auch nur seinen Job,
genau wie Banker „Bob".

Ein Hoch auf den Diktator „GELD",
er ist es, der wirklich bestimmt auf
dieser Welt

*Der Banker Bob steht stellvertretend für
die Banker, die auf Lebensmittel speku-
lieren oder um der Provision willen z.B.
einer 80-jährigen Person eine Lebens-
versicherung mit 30 Jahren Laufzeit
verkaufen oder auch über eine, nicht
nötige Zwangsversteigerung, einer Fami-
lie das Wohneigentum abzocken*

Ein Liebesgedicht

Auf Rosen betten, das will ich Dich nicht,
weil ich befürchte, dass das fürchterlich sticht.

Sterne vom Himmel zu holen, ist äußerst beschwerlich,
ich bin auch nicht schwindelfrei, mal ganz ehrlich.

Brillanten die hast Du nicht nötig, - echt!
Die würden Dich nur verfremden und das wäre schlecht.

Deine Wünsche von den Augen ablesen –
Das wäre, wegen der Brille, schwierig gewesen.

Dich auf Händen zu tragen, das lass ich lieber bleiben,
dabei denke ich vor allem an meine Bandscheiben.

Du bist mehr für Klarheit und Authentizität,
Darum lieb ich Dich (meistens) von früh bis spät.

ERDGESCHICHTLICH

Ich glaub's nicht mehr – ich glaub's nicht mehr
Die Erde retten ist zu schwer

Ein jeder meint, der Andre schummelt
Es wird „gepokert" – Geld und Zeit verbummelt

Schuld daran sind nicht nur Raucher
Auch alle anderen sind Verbraucher

Kyoto gibt's - und jetzt auch Durban
Nichts ist erreicht – da hilft nur „Bourbon"

Ich denk der Erde ist's egal
Wer auf ihr wohnt – ob Mensch, ob Wal

Ob Igel, Katze oder Laus -
Oder die Schnecke mit dem Haus

Für uns wird's ungemütlich – bald
Doch das lässt viele Zeitgenossen kalt

Vielleicht sollten wir es einfach lassen
Für ein paar Jahre wird's noch passen

Danach - können wir uns brav,
einreihen - evolutionsgeschichtlich – gleich beim Schaf

So wird's wohl kommen, ich bin sicher
Was bleibt ist nur ein leises „Evolutionsgekicher"

Der Schöpfung Krönung ist gegangen
In seiner Eitelkeit gefangen

Die Erde kann's noch gar nicht fassen
„Sie sind weg!", „Die, die mich nie in Ruh gelassen."

Die Unverbindlichkeit und Beschlussunwilligkeit bei den interna-
tionalen „Klimaschutztreffen" (wie 2011 in Durban) hat mich
auf die Idee gebracht dieses Gedicht zu schreiben.

FORTPFLANZUNG

Formulare wachsen über Nacht,
du glaubst es nicht! - Dann gib mal Acht.

Sie müssen sich im Aktenschrank vermehren,
anders lässt sich's nicht erklären.

Es werden immer mehr – fast jede Nacht,
obwohl ein jeder sagt: „Ich habe keins gemacht!"

Vermutlich sind sie Zwitter –
wie die Schnecke. Das wäre bitter.

*Die Idee für dieses Gedicht basiert auf dem Eindruck, den ich
über Jahre gewonnen habe, dass niemand neue Formulare
erstellt, ihre Anzahl aber stetig steigt.*

6:00 UHR - DAS MORGENGRAUEN

DIE STRECKE IST NEU BERECHNET

Sagt mein Navi, "Susi", in gewohnter Art:
„Die nächste Kreuzung links", so geht die Fahrt.

Die Strecke ist neu berechnet

Die „Susi" mahnt: "Jetzt bieg halt ab!"
„Sonst macht das Rechenzentrum schlapp."

Die Strecke ist neu berechnet

„Nach 100 Meter wenden!"
Oh je – wo wird denn das noch enden!

Die Strecke ist neu berechnet

Am Ziel sind wir noch lange nicht,
auch wenn die „Susi" das verspricht.

Die Strecke ist neu berechnet

Ich wende nicht, weil ich bin sicher,
ich hab da nämlich einen Riecher!

Die Strecke ist neu berechnet

Susis Stimme – die Zuckersüße
„Du glaubst mir nicht, das wirst du büßen!"

Schweigen…

Das Ziel rückt immer weiter in die Ferne,
und „Susi" schweigt wie ne Laterne.

Schweigen…

Mein Riecher unterdessen
ist wohl verduftet, den kann ich vergessen.

Schweigen…

„Soo – und – nuun?" meint „Susi" süffisant.
„Wem ist die Gegend hier bekannt?"

Die Strecke ist neu berechnet

„Also! Nach 300 Meter wenden!"
„Sonst werde ich mein Wissen - an Dich - nicht mehr
verschwenden!"

Die Strecke ist neu berechnet

Angesichts solcher Aussicht,
ist es besser, wenn man „Susi" nicht mehr widerspricht.

Die Strecke ist neu berechnet

„Gleich sind wir da!" meint „Susi" kess.
Keine Kunst, denk ich, mit EDV und GPS.

Anhang:

Ich vermute so manchem Mann
kommt das bekannt vor – und dann

Sollte er vielleicht mal ausprobieren
sein Auto mit einem Navi Namens „Hans" zu zieren.

GEDICHT OHNE ENDE

Warum habe immer ICH
Das Haar in der Suppe
Die Gräte im Fisch
Oder wenn ich nicht genau kucke
Die klebrige Ecke vom Restauranttisch

Warum hat immer bei MIR
Der Zug die Verspätung
Die Ampel stets rot
Der Fahrkartenautomat „Ladehemmung"
Mein Weg einen Haufen Hundekot

Immer bin ICH der Arme
Meine Suppe ist die lauwarme

Immer bei MIR
Ist die Leberwurst aus

Immer bei MIR
Leckt es aus der Milchtüte raus

Immer bei MIR
Ist an der Kasse ne Schlange

Immer bei MIR
Ist diese besonders lange

Immer bei MIR
Geht alles schief

Immer bei MIR
Ist die Stimmung mies

Immer bei MIR
Ist wolkig vor heiter

Immer bei MIR
Usw.

Ich bin sicher Sie kennen auch so jemanden.

KÄSEGLOCKE

Es lebte einst ein Menschenkind,
in einer „Käseglocke" – fremdbestimmt.

Er kannte nur die eine Perspektive - klar
dass er ganz zufrieden war.

HEIMATGEDICHT

S'schneit, s'schneit!
Jetzt ischs me soweit

S'isch saukalt –
So kriagsch ja glei an Gwalt.

S'schneit, s'schneit!
Jetzt ischs me soweit

Wegschaufla muasch'n alabot,
des isch a sauarbat, lieber Gott.

S'schneit, s'schneit!
Jetzt ischs me soweit

I hauan dick, zescht isch'r kalt und dann isch'r nass,
Aber s gibt gnua verruckte dena macht des Spass.

S'schneit, s'schneit!
Jetzt ischs me soweit

Mit ihre Kerra kommad se vu überall her,
und verstopfad d Schtrossa schwer.

S'schneit, s'schneit!
Jetzt ischs me soweit

Zum Schifara went se alle, drum kommat se zu eis,
weil do wo se her sind isch da Winter it so weiß

S'schneit, s'schneit!
Jetzt ischs me soweit

Und wenn se alle fut sind dann isch dr Buckl braun,
koi Mensch will n jetzt no aschaun.

Aber s'schneit, s'schneit!
Bald me ischs soweit

Derweil kemer d Schneekanona pflega
Und eis au a bissla auf Kanerpee nalega

Denn bald isch's me soweit
S'schneit, s'schneit!

Dann kommet se me, weil s isch me schick
Und wollen Service – aber ursprünglich, urig und witzick.

S'schneit, s'schneit!
Jetzt ischs me soweit

Zu eis, de Leit, will eigentlich koiner me,
dia went blos eisere Berg und da Schnee.

S'schneit, s'schneit!
Jetzt ischs me soweit

Dafür zahlet se an haufa
und glaubad se kennat alls kaufa!

S'schneit, s'schneit!
Jetzt ischs me soweit

Machmol schaffet se s au –
Aber i bi zuaversichtlich – der Allgäuer isch schlau.

JEDEM DAS SEINE

Der Manager – managt

Der Coach – coacht

Der Verkäufer – verkauft

(Nennt sich oft auch Berater!)

Der Arbeiter – arbeitet

Die Putzfrau – putzt

(Auch das Büro des Vorstands!)

Der Kassierer – zählt

Und

Der Vorstand – kassiert!!

„Jedem das Seine!" - Mir alles!"

Als ich wieder einmal von Millionengehältern für AG-Vorstände las, fiel mir dieses Wortspiel ein. Es trifft bestimmt nicht auf alle Vorstände zu, aber meist auf die, welche gern im Rampenlicht stehen.

WARTEN

Einen großen Teil des Lebens,

warten wir – mitunter - auch vergebens!

Auf Doktor, Zug, Bus, Straßenbahn,

die Liste wäre ellenlang.

Man wartet nicht mehr in der Schlange

aber dauern tut's genauso lange.

ER HAT ES SICH VERDIENT

Sein Tag hat 100 Stunden
Eine Minute hat bei ihm 1000 Sekunden

Wie er es nur macht
Ganz alleine einen Rekordgewinn vollbracht

Er hat Arbeit geschaffen darum gilt er als sozial
Leben kann davon keiner   aber das ist egal

Die Steuerlast des Konzerns minimiert
Und nebenbei den Sozialstaat torpediert

Er hat es sich verdient

Tricksen täuschen verschleiern das hat er ge-
checkt
Dass erst sein Nachfolger die Fehler aufdeckt

Da hat er bereits Kassensturz gemacht
Und ein paar Millionen ins Trockene gebracht

Er ist der Macher er bewegt die Welt
Er versteht die Aufregung nicht wegen dem biss-
chen Geld

Auch auf dem sozialen Parkett ist er zuhause
Einmal im Jahr organisiert er eine Spendensause

Er hat es sich verdient

Jetzt ist er Leistungsträger und Vorbild
Experte und Fachmann dessen Wort etwas gilt

Schade nur, dass er nicht weiß
Wie seine Putzfrau heißt

Und ob ihr der karge Lohn
Zum Leben reicht oder nur noch zu Hohn

Vorstandsvergütungen sind irgendwie
Keine Kostenfaktoren bei Handel und Industrie

Hat er es sich verdient

Dafür ist allemal Geld im Tresor, aber schlimmer
Für die Arbeit der anderen reicht es nicht immer

Ein Artikel in der Tageszeitung über die Einkommen der Vorstände deutscher DAX-Unternehmen war Anlass dieses Gedicht zu schreiben.

IMMER WENN SIE LINSEN ISST

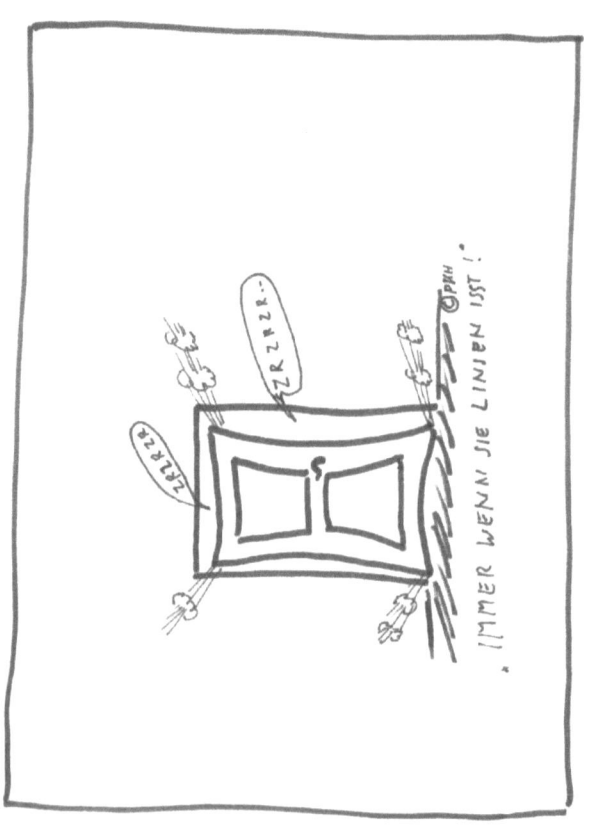

DAS FAULTIER

Es lebte einst am Waldesrand
Ein Faultier: Name unbekannt

Weit oben war sein Lieblings-Ast
Da, machte es am liebsten Rast

Bis eines Tages, mit Radau
Die Menschen kamen
- sie redeten vom Straßenbau

Der Krach war unerträglich für das Faultier
Nur noch sein Lieblings-Ast
- der fault hier

Dieses Gedicht fiel mir ein als ich im Allgäu vor einem kleinen Wald stand, an dem ein Feldweg entlang verlief. So könnte es gewesen sein.

ICH HABE RÜCKEN…

Ich habe Rücken…
Das ist ziemlich „bescheiden" – beim Stehen, Sitzen und
Bücken.

Holger hat Knie…
Das bremst ihn aus – aber wie!

Du hast Kopf?
Du bedauernswerter Tropf.

Und Hüfte hatte eine Verwandte,
ich glaub es war Gerda – Die Tante!

Er hat Magen.
Er lässt sich ja auch nie was sagen.

Und Else hat Niere…
Da beugt Hartmut vor – mit 1-2-3 oder 4 Biere!

Sybille hat Galle…
Das ist kein Wunder, bei Hartmuts Gelalle.

Klaus mit dem langen Arm…
Man glaubt es nicht – der hat Darm!

Du glaubst jetzt vielleicht: "So ein Schmarrn!"
Horch mal hin, dann erzählen sie's dir – brühwarm.

Fast jeder hat so seine Leiden,
das lässt sich nicht 100%ig vermeiden.

Und der, der seine nicht kennt -
Ist vielleicht schon dement.

*Auslöser zu diesem Gedicht waren Beobachtungen in Warte-
zimmern, Apotheken und anderen Orten der „Gesundheit".*

SCHULDENKRISE

SCHULDENKRISE   -   VIELE MIESE
UND KEINER WILLS GEWESEN SEIN

SCHULDENFALLE   -   TRIFFT FAST ALLE
UND KEINER WILLS GEWESEN SEIN

GIER HIER! ANSTAND WEICHE! - NOTFALLS ÜBER
SEINE LEICHE
UND KEINER WILLS GEWESEN SEIN

GEIZ IST GAIL   -   SO SCHALLT DAS HEIL
UND KEINER WILLS GEWESEN SEIN

INFLATIONSGELD   -   EROBERT DIE WELT
UND KEINER WILLS GEWESEN SEIN

SCHULDENKRISE   -   VIELE MIESE
DA! – DER SÜNDENBOCK

DU UND ICH   -   ICH UND DU
WIR!   -   BEZAHLEN DIESEN SCHMUH

Inspiration zu diesem Gedicht war und ist die seit Monaten andauernde Berichterstattung über Finanzkrise, Schuldenkrise, Eurokrise, Wirtschaftskrise, ????krise.

KOFFER-BOMBE

Ich sehe einen Koffer, allein gelassen.
Ist das eine Bombe oder konnte ihn der Besitzer
nur nicht mehr fassen?

Heute fördert mir diese Frage
mein Gedächtnis, ungefragt, zu Tage.

Vor ein paar Jahren noch war das keine Frage.
Das ist ein Koffer für schöne Urlaubstage.

Da muss ich doch mal fragen,
was hat sich eigentlich zugetragen?

Dass so ein Denkenswandel,
mein Gedächtnis anweist so zu handeln.

*Auch wenn man davon überzeugt ist, dass man sich durch
Terrormeldungen in seinem Handeln und tun nicht beeinflussen
lässt, kommen einem Gedanken, die man vor ein paar Jahren
nicht gehabt hätte.*

WIE KNECHT RUPRECHT IN DIE GESCHICHTE KAM

Es war einmal ein Nikolaus
dem vor dem Winterwetter graust.

Er sah neidisch auf den Osterhasen
der fröhlich hoppelte auf grünem Rasen.

Er fand es wirklich ungerecht,
dass bei ihm das Wetter meistens schlecht.

Sein Plan so glaubte er, der sei durchdacht.
Der Osterhase jedoch fand ihn schwach.

Ein Wechsel jährlich sollt es sein,
doch darauf ließ der Hase sich nicht ein.

Der Nikolaus drauf gar nicht fein:
„Osterhase du Kollegenschwein!"

Da hat der Hase nur geschaut.
Das hatte er dem Nikolaus nicht zugetraut.

Er überlegt kurz und wählt dann die Nummer,
von Petrus und erzählt ihm seinen Kummer.

Der hört sich die Geschichte an
und überlegt was er da tuen kann.

Einen Gehilfen gibt er dem Nikolaus.
So muss der nicht mehr ganz alleine raus.

„Knecht Ruprecht", so nennt Niklaus ihn.
Beide freuen sich bereits auf die Winterabende am Kamin.

Die beiden sind dem Hasen nicht mehr gram.
Sie luden ihn schon ein. Ob er wohl kam?

KALKUTTA

Für Kalkutta
Schwärmte meine Mutta

Kalkutta liegt am Ganges
Drum glaubt sie – gang es

Mit dem Kutta
Von Ulm bis nach Kalkutta

Wer die Augen schloss dem klang es
Als wär' er schon am Ganges

Made
in
Germany
1897

DER UNGEBETENE GAST

Der eine hinkt, der andre humpelt.
Wieder einer kommt im Rollstuhl angeschunkelt.

Was seh' ich da, was wird denn das?
Ein Breake-Dance mit Rollator - was!

Ein buntes Grüppchen, welches nicht im Gleichschritt geht
und auch nicht wie eine 1 dasteht.

Sind sie krank oder gesund?
Für diese schlichte Einteilung sind sie zu „bunt".

Ein jeder hat bestimmte Fähigkeiten
und auch Gebrechen, das lässt sich nicht bestreiten.

Manch einer meint vielleicht, zu nichts mehr nütze,
die kosten bloß und brauchen „Stütze".

Doch da irrt er sich sehr!
„Leben" - ist vielmehr.

z. B. Da sein! Und sich freuen
und auch die Traurigkeit nicht scheuen.

Ist mehr der Sinn fürs Leben,
als ausschließliches Renditestreben.

Gemeinsam haben sie den ungebetenen Gast.
„Parkinson", ein übler Typ und tief gehasst.

Jede Sekunde in der wir leben, uns freuen und lachen,
kann dieser Typ nicht mehr rückgängig machen.

Alles was sein Tun erschwert,
ist für uns einen neuen Versuch wert.

„DER UNGEBETENE GAST"
MR. PARKINSON

Parkinson ist für mich ein sehr wichtiges und zentrales Thema, da ich seit neun Jahren daran erkrankt bin. Es ist eine sehr hinterhältige Erkrankung mit einem unerschöpflichen Repertoire die normalen Körperfunktionen zu stören.

DIE BAZILLE

Hallo!

Schau nicht so erschrocken!

Ich bin es, deine Bazille.

Ich wohne hier auf deiner Außenhülle.

Wir sind tausende,

oder gar Millionen.

Deine Haut ist unser Universum,

darum,

der Job ist dafür zu sorgen,

dass deine Haut gesund bleibt.

Heute und auch morgen.

Wir reparieren und sanieren unermüdlich,

diese Hülle, deine Haut, vorzüglich.

Vergiss mich nicht!

Ein lieber Gruß!

Deine Bazille

DAS DROMEDAR

Das Dromedar

das Dromedar

macht sich im Winter wirklich rar

ihm liegt an gutgestreuten Wegen

wie in der Sahara – eben.

DAS VERHINDERTE
WEIHNACHTSGEDICHT

Oh Gott!
Ich habe noch kein Weihnachtsgedicht.
Ein Dichter ohne Weihnachtsgedicht,
das geht doch nicht.
Es soll nicht zu nobel,
aber auch nicht zu schlicht,
kurzweilig und gehaltvoll,
nicht zu abgehoben.
Lichtverbreitend Gefühle ansprechen,
nicht zu viel aber auch nicht zu wenig.
Ich bin gespannt ob ich noch eines
gebacken kriege?
In der Küche erfreut sich an den noch
warmen Plätzchen nur eine Fliege.
Zur Inspiration nehme ich gleich
eine Hand voll mit,
die schmecken ja grausig „igitt", „igitt"!
Sie sind aus Salzteig zur Dekoration,
erfahre ich später
mit hämischen Unterton.
Der Fliege war das egal,
die bekam nicht genug davon.
Für Sie war wohl Weihnachten, schon.

GUTSCHEIN FÜR 1 ×

PREMIUM
RUNDUM PFLEGE

DIE GESUNDHEITSDIKTATUR

Ihre Gesundheit liegt uns sehr am Herzen!
„Sie rauchen noch?"
      Das werden wir ausmerzen.

Ihre Gesundheit wollen wir hoch gewichten!
„Sie trinken noch?"
      Grund genug - Alkohol zu vernichten.

Ihre Gesundheit ist uns sehr wichtig!
„Sie essen auch Süßes?"
      Darum ist ein Verbot vollkommen richtig.

Ihre Gesundheit wird von uns überwacht.
Sie sind uns wichtig, bei Tag und bei Nacht.

Ob sie das wollen, oder nicht,
hat jetzt – mal kein Gewicht.

Es werden ihnen bald die Augen übergehen,
wenn Sie erfahren, was wir noch alles
      - als ungesund ansehen.

Ideengeber hierzu waren „das absolute Rauchverbot" und wie es zu Stande kam. Unser Problem ist der Überfluss. Nahrungsmittel können noch so gesund sein, zu viel davon ist ungesund. Ich will keine Gesellschaft die nur auf Vernunft baut. Da bleiben der Spaß und der Genuss auf der Strecke und das ist auch ungesund.

DAS WEIZENGLAS

Ein Weizenglas, gar groß und schön,
hab ich in der Spülmaschine stehen sehn.

Es lechzt danach gefüllt zu werden,
fast wie ein Paradies auf Erden.

Dieses Lob auf das Weizenglas fiel mir ein als ich gerade in der Küche zu tun hatte und ein frisch gespültes Weizenglas, in der geöffneten Spülmaschine von der Sonne angestrahlt wurde.

IM GURKENGLAS

Der Spreewaldgurke war gewahr,
dass sie was ganz Besonderes war.

Doch so im Glas verteilt,
zwischen Migrantengurken quasi
        eingekeilt.

Bestand die Gefahr,
dass sie als Spreewaldgurke nicht mehr
        erkennbar war.

Das traf sie schwer,
schließlich war man ja mal wer.

Die Inspiration zu diesem Gedicht war das Thema „Migranten"
und Flüchtlinge. Im Jahr 2015 war der große „Flüchtlingsstrom"
Richtung Europa. Ausgelöst durch den Krieg in Syrien. Dieses
Thema wurde von einigen Parteien und „rechten" Gruppierun-
gen gezielt genutzt um in der Bevölkerung Angst zu „schüren

DAS BÜROKRATENFEST

Der soziale Bereich wird neu organisiert!

Und die Individualität gleich mit wegrationalisiert.

Zum Programm wird die Kontrolle,

der Mensch spielt dabei keine große Rolle.

Vergleichbarkeit ist angesagt,

drum braucht es einen umfangreichen

„Formularsalat".

Wir werden beschreiben Papier tonnenweise,

doch lesen wird sie kein Mensch

– diese archivierte Scheiße.

Die Bürokraten feiern ein Fest,

drum gibt's gleich ein Formular

nur so zum Test.

Die Schreibtischarbeit und die Menge der Formulare haben in den vergangenen 20 Jahren, in meinem Arbeitsbereich (Kinder- und Jugendhilfe), stetig zugenommen. Ich habe mich immer wieder gefragt wer die Zeit hat das alles zu lesen. Außerdem fiel mir auf, dass schwierige Sachverhalte oft nicht in die nötigen Formulare passten.

FORMULAR III;9,Aa/OO
ZUR ERFASSUNG
AUSSERPLANMÄSSIGER PAUSEN

Name: _____ Abt: _____

Woche: _____ Monat/Jahr: _____

Std.	7	8	9	10	11	12
	13	14	15	16	17	18

MO _____ DI _____

MI _____ DO _____

FR _____ SA _____

ERLÄUTERUNG:
- Rauchpausen Zigarre/Pfeife sind mit „RZ"
  zu kennzeichnen!
- Rauchpausen Zigarette sind mit „R" zu
  kennzeichnen!
- Kurze P-Pausen sind mit „PP" zu kenn-
  zeichnen!
- Sonstige Toilettenpausen sind mit „STP"
  zu kennzeichnen!

Datum/Unterschrift: _____

DAS MURMELTIER

Es murmelt dort,
es murmelt hier!

Jetzt ist es da!
Das Murmeltier.

Es murmelt hier,
es murmelt dort!

„schwups"
ist es fort.

ABWECHSLUNG

Wie wäre doch das Leben fad,
ohne Dioxin, sowie Phosphat.

Als Würze doch in diesen Tagen,
hat endlich wieder beigetragen,

ein Kernkraftunfall, wie's schön heißt,
völlig ungefährlich, wie du weißt.

Ach, wie dankbar sind wir doch dafür,
steht sonst doch nur der öde Alltag vor der Tür.

Mit seinen Bagatellen.
     Hunger, Krankheit und dergleichen,
können diesen Nervenkitzel nie erreichen.

Und so warte ich schon sehr gespannt,
auf einen neuen Reaktorbrand.

*Dieses Gedicht habe ich vor ca. 15 Jahren geschrieben, nach
einem Störfall in einem Kernkraftwerk. Ich weiß heute nicht
mehr in welchem er auftrat, aber es ereignen sich ja immer
wieder welche.*

DAS NILPFERD AUF DEM POL

Das Nilpferd auf dem Pol,
wie kommt's da hin –
wer weiß das wohl?

Da kannst du rätseln, raten, wähnen,
am Ende bringt's dich nur zum Gähnen.

Es steht halt da – so ist es wohl,
das Nilpferd auf dem Pol.

Der eine meint,
das ist ein Schmarren,

ein Anderer schimpft – „Narren"!

Es gibt so manches auf der Welt,
was man für nicht erklärbar hält.

Drum lass es stehn,
vielleicht hat's Sinn,
eventuell gehört's sogar dort hin?

Wer weiß?

Dieses Gedicht habe ich für meine Tochter geschrieben. Es war mein Eintrag in ihr Poesiealbum.

EIN GEDICHT